Todos los libros de Linkgua Ediciones cuentan con modelos de Inteligencia Artificial entrenados por hispanistas. Pregúntale al chat de tu libro lo que desees acerca de la obra o su autor/a.

Para ebooks: Accede a nuestro modelo de IA a través de este enlace.

Para libros impresos: Escanea el código QR de la portada con tu dispositivo móvil.

Obtén análisis detallados de nuestros libros, resúmenes, respuestas a tus preguntas y accede a nuestras ediciones críticas generativas para una experiencia de lectura más enriquecedora.
La transparencia y el respeto hacia la autoría de las fuentes utilizadas son distintivos básicos de nuestro proyecto. Por ello, las respuestas ofrecen, mediante un sistema de citas, las fuentes con las que han sido elaboradas.

Gertrudis Gómez de Avellaneda

Poemas

Barcelona 2024
Linkgua-ediciones.com

Créditos

Título original: Poemas.

© 2024, Red ediciones.

e-mail: info@linkgua.com

Diseño de cubierta: Michel Mallard.

ISBN tapa dura: 978-84-1126-115-9.
ISBN rústica: 978-84-9816-653-8.
ISBN ebook: 978-84-9897-808-7.

Sumario

Brevísima presentación

La vida

Gertrudis Gómez de Avellaneda (Camagüey, 1814-Madrid, 1873), Cuba.

Era hija de un oficial de la marina española y de una cubana. Escribió novelas y dramas y fue actriz. Estudió francés y leyó mucho, sobre todo autores españoles y franceses. Tras una corta estancia en Burdeos, vivió un año en La Coruña y después en Sevilla, donde conoció a Ignacio Cepeda, con quien tuvo un romance. Por esta época ejerció el periodismo y estrenó su primer drama. Su creciente prestigio literario le permitió establecer amistad con Espronceda y Zorrilla. Poco después se casó con Pedro Sabater, quien murió tres meses más tarde.

Tras un retiro conventual, la Avellaneda volvió a Madrid y, entre 1846 y 1858, estrenó al menos trece obras dramáticas. Hacia 1853 quiso entrar en la Academia Española, pero se le negó por ser mujer. En 1855 se casó con el coronel Domingo Verdugo, conocida figura política que en 1858 fue víctima de un atentado. Más tarde éste fue nombrado para un cargo oficial en Cuba. Entonces la Avellaneda dirigió en La Habana la revista Álbum cubano de lo bueno y de lo bello (1860).

Su marido murió en 1863 y ella se fue a los Estados Unidos. Estuvo en Londres y París y regresó a Madrid en 1864.

Durante los cuatro años siguientes vivió en Sevilla. Utilizó el seudónimo de La peregrina.

Soneto

¡Perla del mar! ¡Estrella de Occidente!
¡Hermosa Cuba! Tu brillante cielo
La noche cubre con su opaco velo,
Como cubre el dolor mi triste frente.
  ¡Voy a partir! La chusma diligente,   5
Para arrancarme del nativo suelo
Las velas iza, y pronta a su desvelo
La brisa acude de tu zona ardiente.
  ¡Adiós, patria feliz, edén querido!
¡Doquier que el hado en su furor me impela, 10
Tu dulce nombre halagará mi oído!
¡Adiós!... Ya cruje la turgente vela...
El ancla se alza... el buque, estremecido,
Las olas corta y silencioso vuela!

La vuelta a la patria

Saludo

¡Perla del mar! ¡Cuba hermosa!
Después de ausencia tan larga
Que por más de cuatro lustros
Conté sus horas infaustas,
  Torno al fin, torno a pisar   5
Tus siempre queridas playas,
De júbilo henchido el pecho,
De entusiasmo ardiendo el alma.
  ¡Salud, oh tierra bendita,
Tranquilo edén de mi infancia,   10
Que encierras tantos recuerdos
De mis sueños de esperanza!
  ¡Salud, salud, nobles hijos
De aquesta mi dulce patria!
¡Hermanos, que hacéis su gloria!   15
¡Hermanas, que sois su gala!
  ¡Salud!... Si afectos profundos
Traducir pueden palabras,
Por los ámbitos queridos
Llevad, —¡brisas perfumadas,   20
  Que habéis mecido mi cuna
Entre plátanos y palmas!—
Llevad los tiernos saludos
Que a Cuba mi amor consagra.
  Llevadlos por esos campos   25
Que vuestro soplo embalsama,
Y en cuyo ambiente de vida
Mi corazón se restaura:

Por esos campos felices,
Que nunca el cierzo maltrata, 30
Y cuya pompa perenne
Melifluos sinsontes cantan.
  Esos campos do la ceiba
Hasta las nubes levanta
De su copa el verde toldo, 35
Que grato frescor derrama:
  Donde el cedro y la caoba
Confunden sus grandes ramas,
Y el yarey y el cocotero
Sus lindas pencas enlazan 40
  Donde el naranjo y la piña
Vierten al par su fragancia;
Donde responde sonora
A vuestros besos la caña;
  Donde ostentan los cafetos 45
Sus flores de filigrana,
Y sus granos de rubíes
Y sus hojas de esmeraldas.
  Llevadlos por esos bosques
Que jamás el Sol traspasa, 50
Y a cuya sombra poética,
Do refrescáis vuestras alas,
  Se escucha en la siesta ardiente
—Cual vago concento de hadas
La misteriosa armonía 55
De árboles, pájaros, aguas,
  Que en soledades secretas,
Con ignotas concordancias,
Susurran, trinan, murmuran,
Entre el silencio y la calma. 60

Llevadlos por esos montes,
De cuyas vírgenes faldas
Se desprenden mil arroyos
En limpias ondas de plata.
   Llevadlos por los vergeles, 65
Llevadlos por las sabanas
En cuyo inmenso horizonte
Quiero perder mis miradas.
   ¡Llevadlos férvidos, puros,
Cual de mi seno se exhalan 70
—Aunque del labio el acento
A formularlos no alcanza,
   Desde la punta Maisí
Hasta la orilla del Mantua;
Desde el pico de Tarquino 75
A las costas de Guanaja!
   Doquier los oiga ese cielo,
Al que otro ninguno iguala,
Y a cuya luz, de mi mente
Revivir siento la llama: 80
   Doquier los oiga esta tierra
De juventud coronada,
Y a la que el Sol de los trópicos
Con rayos de amor abrasa:
   Doquier los hijos de Cuba 85
La voz oigan de esta hermana,
Que vuelve al seno materno
—Después de ausencia tan larga
   Con el semblante marchito
Por el tiempo y la desgracia, 90
Mas de gozo henchido el pecho,
De entusiasmo ardiendo el alma.

Pero ¡ah! decidles que en vano
Sus ecos le pido a mi arpa;
Pues solo del corazón   95
Los gritos de amor se arrancan.

A un cocuyo

Dime, luz misteriosa,
Que ante mis ojos vagas,
Y mi interés despiertas,
Y mi vigilia encantas,

¿Eres quizás del cielo   5
Lumbrera destronada,
Que por la tierra mísera
Peregrinando pasas?

¿Eres un genio o silfo
De nuestra virgen patria,   10
Que de su joven vida
Contienes la ígnea savia?

¿Eres de un ser querido
Quizás errante ánima,
Que a demandarme vienes   15
Recuerdos y plegarias;

O bien fulgente chispa
De las brillantes alas
Con que sostiene al triste
La célica esperanza?   20

No sé; mas cuando luces
Hermosa a mis miradas,
De tropicales noches
En la solemne calma,

—Ya exhalación perdida   25
Cruces la esfera diáfana,
Ya cual la brisa juegues
Meciéndote en las cañas;

Ya cual diamante puro
Te engastes en las palmas,   30
Cuyo susurro imitas,
Cuyo verdor esmaltas;—

Paréceme que siento
Revelación extraña
De místicos amores   35
Entre tu brillo y mi alma.

Paréceme que existen
Secretas concordancias
Entre el afán que oculto
Y entre el fulgor que exhalas.   40

¡Oh, pues, lucero o silfo,
Ánima o genio, lanza
Más vívidos destellos
Mientras mi voz te canta!

Los sones de mi ¡ira,   45
Las chispas de tu llama,
Confúndanse y circulen
Por montes y sabanas,

Y suban hasta el cielo

Del campo en la fragancia,   50
Allá do las estrellas
Simpáticas los llaman

  ¡Allá do el trono asienta
El que comprende y tasa
De toda luz la esencia,   55
De todo afán la causa!

A él

No existe lazo ya: todo está roto:
Plúgole al cielo así: ¡bendito sea!
Amargo cáliz con placer agoto:
Mi alma reposa al fin: nada desea.

Te amé, no te amo ya: piénsolo al menos: 5
¡Nunca, si fuere error, la verdad mire!
Que tantos años de amarguras llenos
Trague el olvido; el corazón respire.

Lo has destrozado sin piedad: mi orgullo
Una vez y otra vez pisaste insano...   10
Mas nunca el labio exhalará un murmullo
Para acusar tu proceder tirano.

De graves faltas vengador terrible,
Dócil llenaste tu misión: ¿lo ignoras?
No era tuyo el poder que irresistible   15
Postró ante ti mis fuerzas vencedoras.

¡Quísolo Dios y fue: gloria a su nombre!
Todo se terminó: recobro aliento:
¡Ángel de las venganzas! ya eres hombre
Ni amor ni miedo al contemplarte siento.   20

Cayó tu cetro, se embotó tu espada...
Mas ¡ay! ¡cuán triste libertad respiro!
Hice un mundo de ti, que hoy se anonada,
Y en honda y vasta soledad me miro.

¡Vive dichoso tú! Si en algún día
Ves este adiós que te dirijo eterno,
Sabe que aún tienes en el alma mía
Generoso perdón, cariño tierno.

A él

En la aurora lisonjera
De mi juventud florida,
En aquella edad primera
—Breve y dulce primavera,
De tantas flores vestida—

5

Recuerdo que cierto día
Vagaba con lento paso
Por una floresta umbría,
Mientras que el Sol descendía
Melancólico a su ocaso.

10

Mi alma —que el campo enajena—
Se agitaba en vago anhelo,
Y en aquella hora serena
—De místico encanto llena
Bajo del tórrido cielo—

15

Me pareció que el sinsonte
Que sobre el nido piaba;
Y la luz que acariciaba
La parda cresta del monte,
Cuando apacible espiraba;

20

Y el céfiro, que al capullo
Suspiros daba fugaz;
Y del arroyo el murmullo,
Que acompañaba el arrullo
De la paloma torcaz;

25

Y de la oveja el balido,
Y el cántico del pastor,
Y el soñoliento rumor
Del ramaje estremecido
¡Todo me hablaba de amor!   30

Yo —temblando de emoción—
Escuché concento tal,
Y en cada palpitación
Comprendí que el corazón
Llamaba a un ser ideal.   35

Entonces ¡ah! de repente,
—No como sombra de un sueño,
Sino vivo, amante, ardiente
Se presentó ante mi mente
El que era su ignoto dueño.   40

Reflejaba su mirada
El azul del cielo hermoso;
No cual brilla en la alborada,
Sino en la tarde, esmaltada
Por tornasol misterioso.   45

Ni hercúlea talla tenía,
Mas esbelto —cual la palma—
Su altiva cabeza erguía,
Que alumbrada parecía
Por resplandores del alma.   50

Yo, en profundo arrobamiento,

De su hálito los olores
Cogí en las alas del viento,
Mezclado con el aliento
De las balsámicas flores;   55

Y hasta su voz percibía
—Llena de extraña dulzura—
En toda aquella armonía
Con que el campo despedía
Del astro rey la luz pura.   60

¡Oh alma! di: ¿quién era aquel
Fantasma amado y sin nombre?
¿Un genio? ¿un ángel? ¿un hombre?
¡Ah! lo sabes! era él;
Que su poder no te asombre.   65

Volaban los años, y yo vanamente
Buscando seguía mi hermosa visión...
Mas dio al fin la hora; brillar vi tu frente,
Y «es él», dijo al punto mi fiel corazón.

Porque era, no hay duda, tu imagen querida, 70
—Que el alma inspirada logró adivinar—
Aquella que en alba feliz de mi vida
Miré para nunca poderla olvidar.

Por ti fue mi dulce suspiro primero;
Por ti mi constante, secreto anhelar   75
Y en balde el destino —mostrándose fiero—
Tendió entre nosotros las olas del mar.

Buscando aquel mundo que en sueños veía,
Surcolas un tiempo valiente Colón
Por ti —sueño y mundo del ánima mía—   80
También yo he surcado su inmensa extensión.

Que no tan exacta la aguja al marino
Señala el lucero que lo ha de guiar,
Cual fija mi mente marcaba el camino
De hallar de mi vida la estrella polar.   85

Mas ¡ay! yo en mi patria conozco serpiente
Que ejerce en las aves terrible poder...
Las mira, les lanza su soplo atrayente,
Y al punto en sus fauces las hace caer.

¿Y quién no ha mirado gentil mariposa   90
Siguiendo la llama que la ha de abrasar?
¿quién a la fuente no vio presurosa
Correr a perderse sin nombre en el mar?

¡Poder que me arrastras! ¿Serás tú mi llama?
¿Serás mi océano? ¿mi sierpe serás?   95
¿Qué importa? Mi pecho te acepta y te ama,
Ya vida, ya muerte le aguarde detrás.

A la hoja que el viento potente arrebata,
¿De qué le sirviera su rumbo inquirir?
Ya la alce a las nubes, ya al cieno la abata,   100
Volando, volando le habrá de seguir.

Soneto

Imitando una oda de safo

¡Feliz quien junto a ti por ti suspira!
¡Quien oye el eco de tu voz sonora!
¡Quien el halago de tu risa adora
Y el blando aroma de tu aliento aspira!
Ventura tanta —que envidioso admira   5
El querubín que en el empíreo mora—
El alma turba, al corazón devora,
Y el torpe acento, al expresarla, espira.
Ante mis ojos desparece el mundo,
Y por mis venas circular ligero   10
El fuego siento del amor profundo.
Trémula, en vano resistirte quiero...
De ardiente llanto mi mejilla inundo,
¡Deliro, gozo, te bendigo y muero!

Significado de la palabra yo amé

Imitación de Parny

Con yo amé dice cualquiera
Esta verdad desolante:
—Todo en el mundo es quimera,
No hay ventura verdadera
Ni sentimiento constante.—   5
Yo amé significa: —«Nada
Le basta al hombre jamás:
La pasión más delicada,
La promesa más sagrada,
Son humo y viento ¡y no más!»   10

Al Excmo. señor don Pedro Sabater

(Poco después marido de la autora)
Con motivo de haberle enviado a ésta unos versos en que
pretendía hacer su retrato

La pintura que hacéis prueba evidente
Es del hábil pincel que la ha trazado:
En ella advierto creadora mente
Y de entusiasta amor fuego sagrado.

Toques valientes, vivo colorido,   5
Dignidad de expresión, conjunto grato
Todo es bello, ¡oh amigo! El parecido
Solo le falta a tan feliz retrato.

En vuestro genio, sí, no en el modelo,
Esos rasgos halláis tan ideales,   10
Que solo al pensamiento otorga el cielo
Engendrar en su luz bellezas tales.

Si como me pintáis, así os parece
Verme, creed que a confusión me muevo;
Pues tanto vuestra mente me engrandece,   15
Que ni a mirarme como soy me atrevo.

Regio ropaje a su placer me viste
Vuestra exaltada y rica fantasía,
Y entre tanto fulgor no sé si existe
Algo real de la sustancia mía.   20

¡Desdichada de mí si el tiempo alado

Se lleva en pos el fúlgido atavío,
Y halláis un día, atónito, turbado,
El esqueleto descarnado y frío!...

En esta tierra de miseria y lloro   25
Dispensad compasión, cariño tierno;
Mas no gastéis tan pródigo el tesoro
De admiración y amor que os dio el Eterno.

Lo que se cambia y envejece y pasa,
Lo que se estrecha en límites mezquinos,   30
No es nada para el alma —que se abrasa
Anhelando de amor goces divinos.—

¿Ventura reclamáis de mí, que en vano
Tras de su sombra consumí mi brío?...
¡A mí, del polvo mísero gusano,   35
Que de mi propia mezquindad me río!

Queréis volar, y os arrastráis despacio,
Y en pobre cieno vuestro afán se abisma
¡Salid, salid del tiempo y del espacio
Y traspasad vuestra esperanza misma!   40

Yo, como vos, para admirar nacida;
Yo, como vos, para el amor creada;
Por admirar y amar diera mi vida...
Para admirar y amar no encuentro nada.

Siempre el límite hallé: siempre, doquiera,   45
La imperfección en cuanto toco y veo
No juzgo al universo una quimera,

porque en él busco a Dios, porque en Dios creo.

Tú eres, ¡Señor!, belleza y poesía;
Tú solo, amor, verdad, ventura y gloria;   50
Todo es, mirado en Ti, luz y armonía;
Todo es, fuera de Ti, sombra y escoria.

¡Oh, desdichado quien —de juicio escaso—
Hallar la dicha en lo finito intente
Quien en turbio licor y estrecho vaso   55
Quiera apagar la sed que interna siente!

No así jamás os profanéis, ¡oh amigo!
No en esas aras de vuestra alma bella
ídolo vano alcéis, que yo os predigo
Que con desdén y horror lo hundirá ella.   60

Queredme bien, compadecedme y hasta:
No apreciéis cual diamante humilde arcilla:
Dadle el tesoro que jamás se gasta
A Aquel que siempre permanece y brilla.

Yo no puedo sembrar de eternas flores   65
La senda que corréis de frágil vida;
Pero si en ella recogéis dolores,
Un alma encontraréis que los divida.

Yo pasaré con vos por entre abrojos;
El uno al otro apoyo nos daremos;   70
Y ambos, alzando al cielo nuestros ojos,
Allá la dicha y el amor busquemos.

¿Qué más podéis pedir? ¿Qué más pudiera
Ofrecer con verdad mi pobre pecho?
Ternura os doy con efusión sincera   75
¡De mi ídolo el altar ya está deshecho!

No igual suerte me deis, ¡oh, vos, que en esta
Tierra de maldición sois mi consuelo!
¡No me queráis alzar ara funesta!
¡No me pidáis en el destierro el cielo!   80

Vedme cual soy en mí, no en vuestra mente,
Bien que el retrato destrocéis con ira;
Que, aunque cual creación brille eminente,
Vale más la verdad que la mentira.

Elegía I

Después de la muerte de mi marido

Otra vez llanto, soledad, tinieblas...
¡Huyó cual humo la ilusión querida!
¡La luz amada que alumbró mi vida
    Un relámpago fue!

Brilló para probar sombra pasada;   5
Brilló para anunciar sombra futura;
Brilló para morir... y en noche oscura
    Para siempre quedé.

Tras luengos años de tormenta ruda
Comenzaba a gozar benigna calma;   10
Mas ¡ay! que solo por burlar el alma
    La abandonó el dolor.

Así la pérfida alimaña finge
Que a su presa infeliz escapar deja,
Y con las garras extendidas, ceja   15
    Para asirla mejor.

El que ayer era mi sostén y amparo,
Hoy de la muerte es mísero trofeo
¡Por corona nupcial me dio Himeneo
    Mustio y triste ciprés!   20

De juventud, de amor, de fuerza henchido,
Su porvenir ¡cuán vasto parecía...
Mas la mañana terminó su día:

¡Ya del tiempo no es!

Nada me resta, ¡oh Dios! Sus rotas alas   25
Pliega gimiendo mi esperanza bella
Hoy sus decretos el destino sella;
    Ya irrevocables son.

Al golpe atroz que me desgarra el pecho
Quizás mi pobre vida no sucumba;   30
Mas con los restos que tragó esa tumba
    Se hunde mi corazón.

¡Alma noble y amante! tú, ante el trono
De la infinita paternal clemencia,
Por la que fue mitad de tu existencia   35
    ¡Pide, pide piedad!

Baje un rayo de luz que alumbre mi alma
En este abismo de pavor profundo,
Hasta que pueda abandonar del mundo
    La inmensa soledad!   40

Elegía II

Cánticos de tus vírgenes sagradas,
Que de tu amor proclaman las dulzuras,
Son esas voces que de unción colmadas,
Llegan al corazón graves y puras.

Tu soberana mano ¡Ser eterno!   5
Me ha conducido a tan amable asilo:
Yo reconozco tu favor paterno
Y empieza el pecho a respirar tranquilo.

Permite, pues, que al religioso coro
Hoy se asocie, aunque indigna, la voz mía: 10
Cubierta de ciprés mi lira de oro,
Para alabarte aún hallará armonía.

De tu justicia el formidable azote
En mí se ensangrentó por tiempo largo;
Mas si lo quieres tú, que el labio agote   15
Del cáliz de la vida el dejo amargo.

Prolongue a su placer mi senda triste
Tu providencia inescrutable y alta;
Que si la fe de tu bondad me asiste,
Vigor para sufrir nunca me falta   20

Rompes mis lazos cual estambres leves;
Cuanto encumbra mi amor tu mano aterra;
Tú haces, Señor, exhalaciones breves
Las esperanzas que fundé en la tierra.

Así, lo sé, tu voluntad me intima   25
Que solo busque en Ti sostén y asiento;
Que cuanto el hombre en su locura estima
Es humo y polvo que dispersa el viento.

Mas no condenes, ¡ah! que acerbo llanto
Riegue ese polvo que me fue querido   30
Bendiciendo mi voz tu fallo santo,
Deja gemir al corazón herido.

El alma que a tu seno encumbró el vuelo,
Obedeciendo a tu querer, Dios mío,
Por toda herencia me dejó en el suelo   35
Ese sepulcro silencioso y frío.

Y ni ese triste bien permite el hado
Pueda yo siempre custodiar amante
Bajo extranjero cielo abandonado
Lo he de dejar, para gemir distante.   40

¡Oh esposas de Jesús! Cuando aquel llegue
Forzoso instante de la ausencia impía,
Permitid ¡ay! que ese sepulcro os legue,
Y en él al corazón que os lo confía.

Ya lo purificó la desventura,   45
Y vuestro puro afecto lo embalsama:
No olvidéis, pues, que en esa sepultura
Velando queda un corazón que os ama.

Y tú, ¡Señor! que entre tus hijas santas

Hoy me toleras con piedad benigna,   50
Acepta con sus himnos a tus plantas
Las bendiciones de tu sierva indigna.

Mi mal

Soneto A...

En vano ansiosa tu amistad procura
Adivinar el mal que me atormenta;
En vano, amigo, conmovida intenta
Revelarlo mi voz a tu ternura.
    Puede explicarse el ansia, la locura   5
Con que el amor sus fuegos alimenta...
Puede el dolor, la saña más violenta,
Exhalar por el labio su amargura...
    Mas de decir mi malestar profundo,
No halla mi voz, mi pensamiento medio,   10
Y al indagar su origen me confundo:
    Pero es un mal terrible, sin remedio,
Que hace odiosa la vida, odioso el mundo,
Que seca el corazón... ¡En fin, es tedio!

Epitafio

Para grabarse en la tumba de un escéptico
Imitación de Parny

Tuvo el que yace aquí cordura extrema:
Para evitar error dudó de todo:
La existencia de Dios puso en problema,
Y —dudando vivir— vivió a su modo.
Cansado al fin de caos tan profundo,   5
Huyó por esta puerta diligente,
Para ir a preguntar al otro mundo
Lo que en éste creer cuadra al prudente.

A la Luna

Tú, que rigiendo de la noche el carro,
Sus sombras vistes de cambiantes bellos,
Dando entre nubes —que en silencio arrollas—
    Puros destellos,

Para que mi alma te bendiga y ame,   5
Cubre veloz tu lámpara importuna...
Cuando eclipsada mi ventura lloro,
    ¡Vélate, Luna!

Tú, que mis horas de placer miraste,
Huye y no alumbres mi profunda pena   10
No sobre restos de esperanzas muertas
    Brilles serena.

Pero ¡no escuchas! Del dolor al grito
Sigues tu marcha majestuosa y lenta,
Nunca temiendo la que a mí me postra,   15
    Ruda tormenta.

Siempre de infausto sentimiento libre,
Nada perturba tu sublime calma
Mientras que uncida de pasión al yugo,
    Rómpese mi alma.   20

Si parda nube de tu luz celosa
Breve momento sus destellos vela,
Para lanzarla de tu excelso trono
    Céfiro vuela.

Vuela, y de nuevo tu apacible frente   25
Luce, y argenta la extensión del cielo
¡Nadie ¡ay! disipa de mi pobre vida
    Sombras de duelo!

Bástete, pues, tan superior destino;
Con tu belleza al trovador inflama;   30
Sobre los campos y las gayas flores
    Perlas derrama;

Pero no ofendas insensible a un pecho
Para quien no hay consolación ninguna
Cuando eclipsada mi ventura lloro,   35
    ¡Vélate, Luna!

La noche de insomnio y el alba

Fantasía

Noche
Triste
Viste
Ya,
Aire,   5
Cielo,
Suelo,
Mar.
Brindándole
Al mundo   10
Profundo
  Solaz,
Derraman
Los sueños
  Beleños   15
  De paz;
  Y se gozan
En letargo,
Tras el largo
Padecer,   20
  Los heridos
Corazones,
Con visiones
De placer.
Mas siempre velan   25
Mis tristes ojos;
Ciñen abrojos
Mi mustia sien;

Sin que las treguas
Del pensamiento   30
A este tormento
Descanso den.
  El mudo reposo
Fatiga mi mente;
La atmósfera ardiente   35
Me abrasa doquier;
  Y en torno circulan
Con rápido giro
Fantasmas que miro
Brotar y crecer.   40
  ¡Dadme aire! Necesito
De espacio inmensurable,
Do del insomnio al grito
Se alce el silencio y hable!
  Lanzadme presto fuera   45
De angostos aposentos...
¡Quiero medir la esfera!
¡Quiero aspirar los vientos!
  Por fin dejé el tenebroso
Recinto de mis paredes   50
Por fin, ¡oh espíritu!, puedes
Por el espacio volar
  Mas, ¡ay!, que la noche oscura,
Cual un sarcófago inmenso,
Envuelve con manto denso   55
Calles, campos, cielo, mar.
  Ni un eco se escucha, ni un ave
Respira, turbando la calma;
Silencio tan hondo, tan grave,
Suspende el aliento del alma.   60

El mundo de nuevo sumido
Parece en la nada medrosa;
Parece que el tiempo rendido
Plegando sus alas reposa.
    Mas ¡qué siento! ¡Balsámico ambiente   65
Se derrama de pronto!... El capuz
De la noche rasgando, en Oriente
Se abre paso triunfante la luz.
    ¡Es el alba! Se alejan las sombras,
Y con nubes de azul y arrebol   70
Se matizan etéreas alfombras,
Donde el trono se asiente del Sol.
    Ya rompe los vapores matutinos
La parda cresta del vecino monte;
Ya ensaya el ave sus melifluos trinos;   75
Ya se despeja inmenso el horizonte.
    Tras luenga noche de vigilia ardiente
Es más bella la luz, más pura el aura
¡Cómo este libre y perfumado ambiente
Ensancha el pecho, el corazón restaura!   80
    Cual virgen que el beso de amor lisonjero
Recibe agitada con dulce rubor,
Del rey de los astros al rayo primero
Natura palpita bañada de albor.
    Y así, cual guerrero que oyó enardecido   85
De bélica trompa la mágica voz,
Él lanza impetuoso, de fuego vestido,
Al campo del éter su carro veloz.
    ¡Yo palpito, tu gloria mirando sublime,
Noble autor de los vivos y varios colores!   90
¡Te saludo si puro matizas las flores!
¡Te saludo si esmaltas fulgente la mar!

En incendio la esfera zafírea que surcas,
Ya convierte tu lumbre radiante y fecunda,
Y aún la pena que el alma destroza profunda,95
Se suspende mirando tu marcha triunfal.

¡Ay! de la ardiente zona do tienes almo asiento,
Tus rayos a mi cuna lanzaste abrasador
¡Por eso en ígneas alas remonto el pensamiento,
Y arde mi pecho en llamas de inextinguible
amor!   100

Mas quiero que tu lumbre mis ansias ilumine,
Mis lágrimas reflejen destellos de tu luz,
y solo cuando yerta la muerte se avecine
La noche tienda triste su fúnebre capuz.

¡Qué horrible me fuera, brillando tu fuego
fecundo,   105
Cerrar estos ojos, que nunca se cansan de verte;
En tanto que ardiente brotase la vida en el
mundo,
Cuajada sintiendo la sangre por hielo de muerte!

¡Horrible me fuera que al dulce murmurio del
aura,
Unido mi ronco gemido postrero sonase;   110
Que el plácido soplo que al suelo cansado
restaura,
El último aliento del pecho doliente apagase!

¡Guarde, guarde la noche callada sus sombras
de duelo,
hasta el triste momento del sueño que nunca
termina;
Y aunque hiera mis ojos, cansados por largo
desvelo,   115

Dale, ¡oh Sol! a mi frente, ya mustia, tu llama
divina!
   Y encendida mi mente inspirada, con férvido
acento
—Al compás de la lira sonora— tus dignos loores
Lanzará, fatigando las alas del rápido viento,
A do quiera que lleguen triunfantes tus sacros
fulgores!   120

Los duendes

Imitación de Víctor Hugo
E como i gru van cantando lor lai
Facendo in aer di
se lunga riga;
Cosi vid'io venir traendo guai
Ombra portate d'aIla de-tta briga.
Dante

Palacios y chozas,
Campos y ciudad,
Brutos, aves, hombres,
Todo duerme ya;

Que cubren las sombras   5
Del cielo la faz,
Y guardan silencio
Los vientos y el mar.

Solo un rumor se percibe,
Vago, débil y fugaz   10
El aliento de la noche,
Que llena la inmensidad;

Y cual un alma se queja
Perseguida sin cesar
Por una llama invisible   15
De la región infernal.

Mas crece el rumor... sí, ¡crece,
Y ninguno fue jamás

Tan importuno y extraño,
Tan pavoroso y tenaz!   20

Ya parece de los búhos
La horrible voz sepulcral;
Ya de un inmenso gentío
El confuso respirar;

Ya fatídica campana   25
vibrando en la oscuridad,
Cuyos sonidos mil ecos
Repitiendo en torno van.

Pero no; cual cascabeles
Que mueve mano vivaz,   30
Que inarmónicos sones
Oigo en los aires vagar.

Ora se cambian... podría
Presumirse, que a compás
Bailan niños juguetones   35
Sobre rollos de cristal,

Que se chocan, que se quiebran,
Que saltan acá y allá,
Revolviéndose en fragmentos
Con un ruido sin igual.   40

Son, ¡oh cielo! son los duendes,
Que enemigos de mi paz
Cada noche, en turba inmensa,
Visitan mi soledad.

Son los duendes, que mi insomnio   45
Parece siempre evocar,
Para burlarme, aturdirme,
Volverme loca quizás.

¡Ay! mi lámpara se extingue,
Y oigo al enjambre fatal   50
Que en confuso tropel cruza,
Surcando la inmensidad!

¡El techo retiembla
Sobre mí agitado!
¡Cual pino quemado   55
Lo escucho crujir!
¡La viga se dobla
Como junco blando!
¡La puerta, girando,
Se comienza a abrir!   60
¡Los goznes mohosos
Rechinan con ruido!
¡Con bronco estallido
Se parte el dintel!
¡Y veo entre nubes   65
De impuros vapores,
De extraños colores
Confuso tropel!

La horrible falange
Forma batallones.   70
Vampiros, dragones
Vuelan en montón,

Y pasan lanzando
Gemidos dolientes
¡Sus alas rugientes 75
Les presta Aquilón!

Acaso ¡ay! se posen
Sobre mi morada,
Ceda desquiciada
La antigua pared, 80
Y al impulso ruede
De la horda maldita,
Cual hoja marchita
Del viento a merced.

¡Oh Musa! si tu mano 85
Me ofrece libertad,
Prosternaré mi frente
Delante de tu altar.
De estos hijos impuros
De la noche fatal, 90
Sálvame compasiva,
Sálvame por piedad!

Haz que en vano sus alas,
Con capricho tenaz,
De mis viejos balcones 95
Azoten el cristal,
Y cerradas mis puertas
No dejen penetrar
El aliento maldito
De su boca infernal. 100

¡Ah! pasaron! las cohortes
Huyen ya, de furor llenas
Mas en los aires cadenas
Aún me parecen crujir.
    Allá al remoto horizonte   105
La horrible cuadrilla avanza,
Y se escucha en lontananza
De sus alas el batir.

    Bajo su vuelo impetuoso
Tiemblan las selvas vecinas,   110
Doblándose las encinas,
Removida su raíz.
    ¡Cómo en torno de la Luna
Dibujan faja sangrienta,
Y en las nubes, que ella argenta,   115
Forman extraño matiz!

    Mas ya las rasgan —huyendo—
Mis enemigos veloces...
Ya sus discordantes voces
Apenas puedo escuchar;   120
    Siendo el ruido tan confuso,
A proporción que se aleja,
Que imita de la corneja
El fatídico graznar,

    Y del granizo el sonido   125
Cayendo en un viejo techo,
O bien rodando deshecho
Desde elevada canal.
    Pero más dulce se torna

Ya es de una fuente el murmullo 130
Ya el melancólico arrullo
De la tórtola leal

   Ya de piadosa plegaria
Es la sílaba postrera...
Ya de la ola, en la ribera, 135
El espirante rumor
   O es el aura —que en las ramas
Juega con vuelo liviano—
O acaso el eco lejano
Del insomne ruiseñor. 140

   Todo cesa...
Ningún ruido
A mi oído
Llega ya;
   Todo calla, 145
Y el reposo
Silencioso
Tornará.
    Ya benigno
Vierte el sueño 150
Su beleño
Por mi sien,
   Y en sosiego
Tan profundo
Duerme el mundo... 155
¡Y yo también!

El recuerdo importuno

Soneto

¿Serás del alma eterna compañera,
Tenaz memoria de veloz ventura?
¿Por qué el recuerdo interminable dura,
Si el bien pasó cual ráfaga ligera?
  ¡Tú, negro olvido, que con hambre fiera   5
Abres ¡ay! sin cesar tu boca oscura,
De glorias mil inmensa sepultura
Y del dolor consolación postrera!
  Si a tu vasto poder ninguno asombra,
Y al orbe riges con tu cetro frío,   10
¡Ven! que su dios mi corazón te nombra.
  ¡Ven y devora este fantasma impío,
De pasado placer pálida sombra,
De placer por venir nublo sombrío!

A la Luna

Imitación de Byron

¡Sol del que triste vela!
¡Astro de lumbre fría,
Cuyos trémulos rayos, de la noche
Para mostrar las sombras solo brillan!

¡Oh, cuánto te semejas   5
De la pasada dicha
Al pálido recuerdo, que del alma
Solo hace ver la soledad sombría!

Reflejo de una llama
Ya oculta o extinguida,   10
Llena la mente, pero no la enciende;
Vive en el alma, pero no la anima.

Descubre, cual tú, sombras
Que esmalta y acaricia;
Y como a ti, tan solo la contempla   15
El dolor mudo en férvida vigilia.

Al destino

Escrito estaba, sí: se rompe en vano
Una vez y otra la fatal cadena,
Y mi vigor por recobrar me afano.
Escrito estaba: el cielo me condena
A tornar siempre al cautiverio rudo,   5
      Y yo obediente acudo,
      Restaurando eslabones
Que cada vez más rígidos me oprimen;
Pues del yugo fatal no me redimen
De mi altivez postreras convulsiones.   10

¡Heme aquí! ¡Tuya soy! ¡Dispón, destino,
De tu víctima dócil! Yo me entrego
Cual hoja seca al raudo torbellino
      Que la arrebata ciego.
¡Tuya soy! ¡Heme aquí! ¡Todo lo puedes!   15
Tu capricho es mi ley: sacia tu saña...
Pero sabe, ¡oh cruel!, que no me engaña
La sonrisa falaz que hoy me concedes.

Las contradicciones

Imitación de Petrarca
Soneto

No encuentro paz, ni me permiten guerra;
De fuego devorado, sufro el frío;
Abrazo un mundo, y quédome vacío;
Me lanzo al cielo, y préndeme la tierra.
Ni libre soy, ni la prisión me encierra;   5
Veo sin luz, sin voz hablar ansío;
Temo sin esperar, sin placer río;
Nada me da valor, nada me aterra.
Busco el peligro cuando auxilio imploro;
Al sentirme morir me encuentro fuerte;   10
Valiente pienso ser, y débil lloro.
Cúmplese así mi extraordinaria suerte;
Siempre a los pies de la beldad que adoro,
Y no quiere mi vida ni mi muerte.

A una joven madre

En la pérdida de su hijo

¿Por qué lloras ¡oh Emilia! con dolor tanto?
—¡Ay! he perdido al ángel que era mi encanto...
    Ni aun leves huellas
Dejaron en el mundo sus plantas bellas.

—Te engañas, joven madre; templa tu duelo; 5
Que ese ángel —aunque libre remonta el vuelo—
    Te sigue amante
Doquiera que dirijas tu paso errante.

¿No admiras, cuando baña la tibia esfera
Del alba sonrosada la luz primera,   10
    Con qué armonía
Cielo y tierra saludan al nuevo día?

Pues sabe, joven madre, que cada aurora
Por las manos de un ángel su faz colora,
    Y aquel concento   15
Se lo enseña a natura su dulce acento.

Cuando del Sol el rayo postrero expira,
¿No escuchas un suspiro que en torno gira,
    Y un soplo leve
No acaricia tu rostro, tus rizos mueve?   20

  Pues dicen, joven madre, que en cada tarde
Hay un ángel que el rayo postrero guarde;
    Y es su sonrisa

La que te llega en alas de fresca brisa.

En el silencio grave de la alta noche,   25
Cuando la Luna oculta su lento coche,
      ¿Ves blanca estrella
Que trémula en tu frente su luz destella?

Pues oye, joven madre: las almas puras
Viajan por esos astros de las alturas;   30
      Y es su mirada
La que a halagarte llega dulce y callada.

Aun ora, que me escuchas, ¿pierde tu oído
Cierto eco misterioso, que al mío unido,
      Vierte en tu alma   35
Bálsamo delicioso, que su afán calma?...

Pues mira, joven madre, dolor tan rudo
Solo un ángel celeste consolar pudo,
      Y oigo al que dice:
«No llores más, no llores yo soy felice!»   40

Romance

Contestando a otro de una señorita

No soy maga ni sirena,
Ni querub ni pitonisa,
Como en tus versos galanos
Me llamas hoy, bella niña.
   Gertrudis tengo por nombre, 5
Cual recibido en la pila;
Me dice Tula mi madre,
Y mis amigos la imitan.
   Prescinde, pues, te lo ruego,
De las Safos y Corinas, 10
Y simplemente me nombra
Gertrudis, Tula o amiga.
   Amiga, sí; que aunque tanto
Contra tu sexo te indignas,
Y de maligno lo acusas 15
Y de envidioso lo tildas,
   En mí pretendo probarte
Que hay en almas femeninas,
Para lo hermoso entusiasmo,
Para lo bueno justicia. 20
   Naturaleza madrastra
No fue (lo ves en ti misma)
Con la mitad de la especie
Que la razón ilumina.
   No son las fuerzas corpóreas 25
De las del alma medida,
No se encumbra el pensamiento
Por el vigor de las fibras.

Perdona, pues, si no acato
Aquel fallo que me intimas;   30
Como no acepto el elogio
En que lo envuelves benigna.

   No, no aliento ambición noble,
Como engañada imaginas,
De que en páginas de gloria   35
Mi humilde nombre se escriba.

   Canto como canta el ave,
Como las ramas se agitan,
Como las fuentes murmuran,
Como las auras suspiran.   40

   Canto porque al cielo plugo
Darme el estro que me anima;
Como dio brillo a los astros,
Como dio al orbe armonías.

   Canto porque hay en mi pecho   45
Secretas cuerdas que vibran
A cada afecto del alma,
A cada azar de la vida.

   Canto porque hay luz y sombras,
Porque hay pesar y alegría,   50
Porque hay temor y esperanza,
Porque hay amor y hay perfidia.

   Canto porque existo y siento,
Porque lo bello me admira,
Porque lo bello me encanta,   55
Porque lo malo me irrita.

   Canto porque ve mi mente
Concordancias infinitas,
Y placeres misteriosos,
Y verdades escondidas.   60

Canto porque hay en los seres
Sus condiciones precisas:
Corre el agua, vuela el ave,
Silba el viento, y el Sol brilla.
    Canto sin saber yo propia   65
Lo que el canto significa,
Y si al mundo, que lo escucha,
Asombro o lástima inspira.
    El ruiseñor no ambiciona
Que lo aplaudan cuando trina   70
Latidos son de su seno
Sus nocturnas melodías.
    Modera, pues, tu alabanza,
Y de mi frente retira
La inmarchitable corona   75
Que tu amor me pronostica.
    Premiando nobles esfuerzos,
Sienes más heroicas ciña;
Que yo al cantar solo cumplo
La condición de mi vida.   80

La clemencia

Heureux le Prince empli de pieuses pensés.
Victor Hugo

Iba tendiendo su luctuoso manto
   La noche oscura y fría,
      Sin que templase un tanto
La opacidad de la región vacía,
El rayo de la Luna macilento   5
Ni el trémulo fulgor de las estrellas;
      Pues, cual rastro sangriento,
De un Sol de invierno las rojizas huellas
Surcaban solo el negro firmamento.

   Tristes también las calles parecían   10
De la opulenta villa coronada,
Do circulando multitud callada,
Solo semblantes serios se veían,
      Que presentir hacían
      Algún grave suceso,   15
Pronto explicado por las roncas voces
      Que esparcieron veloces
      Por el gentío espeso
Los vendedores de volantes hojas,
Gritando por doquier: «Causa y sentencia 20
»Del coronel Rengifo y compañeros,
      »Que a los rayos primeros
»Del nuevo Sol terminan su existencia.»

      Pasan de mano en mano
      Los públicos papeles,   25

Y —aunque no haya quizá pechos crueles
Que al contemplar destino tan tirano
Puedan negar a los dolientes reos,
Víctimas de políticos errores,
Un suspiro, una lágrima piadosa— 30
Siguen los transeúntes sus paseos,
Su fúnebre pregón los vendedores,
Y la noche su marcha silenciosa.

Las horas vuelan entre tanto; cesa
    La agitación del mundo, 35
    Y entre la sombra espesa
Do el silencio por fin reina profundo,
Derramando narcótico beleño
    —Que a descansar convida
De los rudos afanes de la vida— 40
Desciende en alas de la noche el sueño.
  Mas, ¡ah!, tan honda calma
No aduerme, no, pesares sin consuelo
—Que apenas puede resistir el alma,
    Y en su prisión austera 45
Gimen los tristes que el postrer desvelo
Sufriendo están en el infausto suelo
Donde el sepulcro abierto les espera.

Vida y vigor devolverá a natura
    La claridad febea, 50
    Y ellos en la luz pura
Solo verán su funeraria tea
¡Oh! ¿Qué pincel tan fúnebres colores
    Puede tener, que alcance
A bosquejar siquiera los dolores 55

Que así cercanos al tremendo trance
De cada cual el corazón devora?
No solo ve la muerte, la vigilia
    —De espectros crëadora—
Presenta allí la mísera familia...   60
La esposa, el padre, el hijo a quien adora!

¡Oh, pobre infante, cuya blanda cuna,
    De la esperanza nido,
    La pérfida fortuna
—Que oyó propicia su primer vagido—   65
Deja con luto de orfandad cubierta!...
¡Oh, pobre infante, que en el pecho tierno
    Verá la herida abierta,
Que de su vida con brotar eterno
La senda regará triste y desierta!...   70

Mas ¿qué puedes hacer, padre infelice?
¡Fuerza es morir!... Con pavorosos ecos
    Tu corazón lo dice...
Y esa luz bella —que a tus ojos, secos
Por insomnio crüel la aurora envía—   75
Te lo dice también. Morir es fuerza;
No esperes, no, que su guadaña tuerza,
Piadosa a tu dolor, la parca impía.

Fuerza es dejar el hijo abandonado,
    La esposa desvalida,   80
    El padre desolado,
¡Ay! y a la madre tierna, encanecida
Por años de virtud. —De esa existencia,
Que ella ha cuidado con afán prolijo,

Infatigable amor, santa paciencia,   85
¿Qué cuenta le darás, ¡funesto hijo!?
¿Qué cuenta le darás en tu conciencia?...

   Repentino rumor se eleva y crece
     En la mansión sombría:
      Crujiendo se estremece   90
La férrea puerta, que ostentar debía
—Cual la del reino del eterno llanto
Del rudo Dante la inscripción tremenda;
     Y trémulos —en tanto
Que abre a sus pasos la temida senda—   95
Los sentenciados, que entre mil dolores
Por conservarse sin flaqueza luchan,
Ya los redobles fúnebres escuchan
Con que a morir los llaman los tambores.
Llegó el instante, ¡oh Dios! —Pero ¿qué anuncia
100
La voz que el nombre de Isabel pronuncia,
     Mientras cual bella aurora
—Que las tristes tinieblas desvanece
     Y a los campos colora
En la lóbrega estancia que ilumina,   105
Tierna beldad de súbito aparece,
Vertiendo luz de compasión divina,
Que en sus azules ojos resplandece?...

¡Es ella! ¡Sí! ¡Miradla!... Pura y bella,
     De sus plantas reales   110
     Sienta la leve huella
De la horrible capilla en los umbrales.
El ángel santo de piedad la guía,

La majestad del solio la acompaña,
    La siguen a porfía   115
Las esperanzas y el amor de España,
Y huye a su aspecto la discordia impía.
¡Llega, virgen real! Tu planta imprime
    En la mansión del duelo
    Ejerce la sublime   120
Prerrogativa que te otorga el cielo
Perdona como él, y que la historia
De los monarcas, con tu ejemplo egregio,
Legue a tus sucesores la memoria
De que —al usar tan noble privilegio—   125
La diestra augusta que perdón concede
    Recoge en cambio gloria,
Que a otra ninguna compararse puede.

    La tuya, ¡oh Isabel!, la tuya hermosa
        En esos rostros mira,   130
        Do tu mano piadosa
Secó el llanto cruel: ella respira
En esas vidas que arrancó a la tumba
Tu corazón magnánimo; se extiende
        En ese que retumba,   135

Víctor inmenso, que el espacio hiende,
Y aún brilla en el cadalso que derrumba.

    La tuya el laurel santo
    No hace nacer con riego
De hirviente sangre y congojoso llanto,   140
Sino de amor al fecundante fuego;
Y el que la ensalza, sublimado canto,

No es el que ensayo con humilde tono
  De mi lira en los sones;
Sino el que se alza en tiernas bendiciones   145
  Hasta tu excelso trono.

Feliz en él por dilatados días
  Goza, joven augusta,
  Las santas alegrías
Del poder bienhechor. La frente adusta   150
De la justicia tu piedad suavice;
Que el rigor nunca la nefanda tea
  De la venganza atice;
Y justa siempre y perdurable sea
La voz universal que hoy te bendice.   155

El canto de Altabiscar

Súbito se alza un grito en las montañas
De los valientes euskaldunes. Presta
Todo su oído el bravo echeco-jauna,
Que de su noble hogar guarda la puerta.
—¡Qué es eso!, —exclama y se levanta al punto 5
Su perro fiel, irguiendo las orejas.
¡Escuchad! ¡Escuchad cual sus ladridos
De Altabiscar en derredor resuenan!
Pero un ruido mayor, más espantoso,
Parte veloz de lo alto de Ibañeta,   10
Y va, de monte en monte retumbando,
A ensordecer las solitarias crestas.
¡Es la voz de un ejército que avanza!
Otras mil, otras mil responden fieras,
Del ronco cuerno al áspero sonido,   15
Entre montes, peñascos y malezas.
¡Los nuestros son! —El bravo echeco-jauna
Salta blandiendo la acerada flecha.
—¡Con él todos!... ¡Mirad! Sobre esas cimas
Móvil bosque de lanzas centellea,   20
Y en medio, sus colores ostentando,
Majestuosas ondulan las banderas.
¡Oh!... ¡Qué bajan!... ¡Qué vienen!... ¡Qué
desfilan,
Cual lobos a caer sobre su presa!...
¡Qué guerrero tropel! ¡Cuéntalos, mozo!   25
—Diez... quince... veinte... veinticinco... treinta...
¡Y otros tantos!... ¡Y cien!... Se pierde el
número,

Porque son más, señor, que las arenas.
—¿Qué importa? Venid todos, ¡euskaldunes!
De cuajo arrancaremos estas peñas,   30
Y sobre el vil enjambre de enemigos
Las lanzarán nuestras nervudas diestras.
¿Qué vienen a buscar a nuestros montes
Esos hijos del Norte en son de guerra?
¿Entre ellos y nosotros puso en balde   35
El mismo Dios una muralla eterna?
¡Caiga sobre ellos, caiga desplomado
Todo este monte, piedra sobre piedra!
¡A una todos!... ¡Así! —Se anubla el aire;
La tierra cruje; los peñascos ruedan;   40
Jinetes y caballos confundidos
Con sus despojos los breñales siembran;
Y palpitan las carnes aplastadas,
Chorros brotando, que en el suelo humean.
¡Cuántos huesos molidos!¡Cuánta sangre,   45
En la que el Sol medroso reverbera!...
—¡Huid si aún podéis, reliquias miserables!
El que aún tiene bridón métale espuelas,
Y corra como ciervo perseguido
El que aún conserve para hacerlo fuerzas.   50
¡Huye con tu pendón, rey Carlo-Magno,
Que el rico manto entre las zarzas dejas,
Mientras el viento en remolinos barre
De tu casco rëal las plumas negras!
¿Qué aguardas? ¿A quién buscas? Tu sobrino,55
El que rival no tuvo en la pelea,
Tu famoso Roldán, bravo entre bravos,
¡Allí tendido entre los muertos queda!
Ya huyen veloces, ¡euskaldunes!... ¡Huyen!...

¿Do sus lanzas están? ¿Do sus enseñas?   60
¡Cuál huyen!... ¡Oh! ¡Cuál huyen!... ¡Cuenta,
mozo!
¿Cuántos los vivos son que aún aquí restan?
¿Veinte?... ¿quince?... ¿diez?... ¿ocho?... ¿siete?...
¿cinco?...
—No, señor. —¿Cuatro?... ¿dos?... —¡Ni uno
siquiera!
Todo acabó. —Valiente echeco-jauna,   65
Llama a tu perro; vuelve do te esperan
Los tiernos hijos, la querida esposa,
Y en tu cuerno de buey guarda las flechas;
Que ya en el campo, herencia de tus padres,
Puedes dormir tranquilo sobre de ellas.   70
¡Pronto la noche tenderá su manto,
Y acudiendo de buitres nube espesa,
Se cebarán en carnes machacadas,
Esparciendo las blancas osamentas,
Que en polvo convertidas por los siglos   75
Darán abono a nuestra agreste tierra!

Al Árbol de Guernica

Tus cuerdas de oro en vibración sonora
    Vuelve a agitar, ¡oh lira!,
Que en este ambiente, que aromado gira,
Su inercia sacudiendo abrumadora
    La mente creadora,   5
De nuevo el fuego de entusiasmo aspira.

¡Me hallo en Guernica! Ese árbol que
contemplo,
    Padrón es de alta gloria
De un pueblo ilustre interesante historia
De augusta libertad sencillo templo,   10
    Que —al mundo dando ejemplo—
Del patrio amor consagra la memoria.

Piérdese en noche de los tiempos densa
    Su origen venerable;
Mas ¿qué siglo evocar que no nos hable   15
De hechos ligados a su vida inmensa,
    Que en sí sola condensa
La de una raza antigua e indomable?
Se transforman doquier las sociedades;
    Pasan generaciones;   20
Caducan leyes; húndense naciones
Y el árbol de las vascas libertades
    A futuras edades
Trasmite fiel sus santas tradiciones.
Siempre inmutables son, bajo este cielo,   25
    Costumbres, ley, idioma...

¡Las invencibles águilas de Roma
Aquí abatieron su atrevido vuelo,
    Y aquí luctuoso velo
Cubrió la media Luna de Mahoma!   30
Nunca abrigaron mercenarias greyes
    Las ramas seculares,
Que a Vizcaya cobijan tutelares;
Y a cuya sombra poderosos reyes
    Democráticas leyes   35
Juraban ante jueces populares.
¡Salve, roble inmortal! Cuando te nombra
    Respetuoso mi acento,
Y en ti se fija ufano el pensamiento,
Me parece crecer bajo tu sombra,   40
    Y en tu florida alfombra
Con lícita altivez la planta asiento.

¡Salve! ¡La humana dignidad se encumbra
    En esta tierra noble
Que tú proteges, perdurable roble,   45
Que el Sol sereno de Vizcaya alumbra,
    Y do el Cosnoaga inmoble
Llega a tus pies en colosal penumbra!

¿En dónde hallar un corazón tan frío
    Que a tu aspecto no lata,   50
Sintiendo que se enciende y se dilata?
¿Quién de tu nombre ignora el poderío
    O en su desdén impío
Tu vejez santa con amor no acata?

Allá desde el retiro silencioso   55

Donde del hombre huía
—Al par que sus derechos defendía—
Del de Ginebra pensador fogoso,
    Con vuelo poderoso
Llegaba a ti la inquieta fantasía;   60

    Y arrebatado en entusiasmo ardiente
    —Pues nunca helarlo pudo
De injusta suerte el ímpetu sañudo—
Postró a tu austera majestad la frente
    Y en página elocuente   65
Supo dejarte un inmortal saludo.

La Convención francesa, de su seno,
    Ve a un tribuno afamado
Levantarse de súbito, inspirado,
A bendecirte, de emociones lleno   70
    Y del aplauso al trueno
Retiembla al punto el artesón dorado.

Lo antigua que es la libertad proclamas...
    —¡Tú eres su monumento!—
Por eso cuando agita raudo viento   75
La secular belleza de tus ramas
    Pienso que en mí derramas
De aquel genio divino el ígneo aliento.

Cual signo suyo mi alma te venera,   80
    Y cuando aquí me humillo
De tu vejez ante el eterno brillo,
Recuerdo, roble augusto, que, doquiera
    Que el numen sacro impera,

Un árbol es su símbolo sencillo.   85

Mas, ¡ah! ¡Silencio! El Sol desaparece
        Tras la cumbre vecina,
Que va envolviendo pálida neblina...
Se enluta el cielo... El aire se adormece...
        Tu sombra crece y crece   90
¡y sola aquí tu majestad domina!

Al pendón castellano

¡Salve, oh pendón ilustre de Castilla,
Que hoy en los muros de Tetuán tremolas,
Y haces llegar a la cubana Antilla
Reflejos de las glorias españolas!
   La media Luna —que ante ti se humilla,—   5
Recuerda ya que entre revueltas olas,
De la raza de Agar con hondo espanto,
Se hundió al lucir el astro de Lepanto.

   Y esa morisma —de la Europa afrenta—
Que el rugido olvidó de tus leones,   10
Hoy al golpe cruel —que la escarmienta,—
Forjando en su pavor fieras visiones,
   De siete siglos a la luz sangrienta
Juzga que mira alzarse entre blasones,
—Sus turbantes teniendo por alfombras,—   15
Del Cid, de Alfonso y de Guzmán las sombras.

   ¡Oh! ¡sí! contigo van, por ti pelean
Esos nombres augustos; de su gloria
Los rayos en tus pliegues centellean,
Como fulguran en la hispana historia.   20
   ¡Que así triunfantes para siempre sean
Símbolos del honor y la victoria,
La civilización mirando ufana,
Que hoy te hospeda Tetuán, Tánger mañana!

Polonia

Traducción libre de Víctor Hugo

Sola al pie de la torre, donde la voz tonante
Resuena pavorosa de tu señor fatal,
Cuya siniestra sombra parece por instante
Designarse en la piedra del silencioso umbral;

Pronta a ver al esposo trocarse en asesino,   5
Pálida, y hasta el suelo doblada la cerviz
Vencida, encadenada, te ofreces al destino,
Bella y triste Polonia, por víctima infeliz.

A falta de tus hijos, miro tus manos puras
El crucifijo santo con fervor estrechar...   10
¡Mancharon los Basquiros tus regias vestiduras,
Y en ellas sus sandalias grabaron al pasar!

A intervalos te llegan palabras de amenaza,
Y de pisadas duras escuchase rumor,
Y un sable allá reluce, y un hierro que te enlaza
15
Al muro, por do corre tu llanto de dolor.

¡Polonia sin ventura! los brazos descarnados
Y la abatida frente te miro levantar,
Y los llorosos ojos, hundidos y empañados,
Hacia la Francia vuelves con tímido mirar.   20

Un grito de tu pecho tristísimo desprendes:

—¡Oh Francia, hermana mía! —te escucho
repetir:
Ansiosa tus miradas por el camino tiendes,
Y esperas ¡ay! y esperas... ¡y a nadie ves venir!

A Francia

Al tratarse de la traslación de los restos de
Napoleón
a París

Bástete ¡oh Francia! la atronante gloria
Con que llenó tus ámbitos el hombre;
Bástete ver en inmortal historia
Unido al tuyo su preclaro nombre.
Bástete la memoria   5
De aquellos grandes días
En que a su voz la Europa estremecías,
Y deja al mundo ese sepulcro austero
Donde el hado severo
Guarda al gigante de ambición y orgullo,   10
Entre esas peñas áridas y solas;
Mientras el mar —con turbulento arrullo—
Quiebra a sus pies las espumantes olas.

¡Déjale allí! Sin comitiva, aislado
Duerma en su roca solitaria y fría   15
El rey sin dinastía...
No en panteón estrecho sepultado,
De París oiga el bacanal rüido,
Entre vulgares reyes confundido.

¡Déjale, que supuesto es Santa Elena!   20
Los nombres poderosos
De Wagram, de Austerliz, Marengo y Jena
No volverán los ecos silenciosos,
La paz turbando de la tosca tumba,

A que no presta con sus alas sombra   25
El águila imperial, ni el hueco bronce
Por saludarla omnívomo retumba
Pero allí el mundo mírala, y se asombra
Del misterio que muda le revela;
Pues el fantasma inmenso,   30
Que entre cielo y abismo allí suspenso
Cumple quizás designios soberanos,
Es de la humana historia un monumento,
Que a pueblos y a tiranos
Dé alta lección, terrífico escarmiento!   35

El porqué de la inconstancia

A mi amigo...

Contra mi sexo te ensañas
Y de inconstante lo acusas;
Quizá porque así te excusas
De recibir cargo igual.
    Mejor obrarás si emprendes   5
Analizar en ti mismo
Del alma humana el abismo,
Buscando el foco del mal.

Proclamas que las mujeres
(Cual dijo no sé quién antes),   10
Piensan amar sus amantes
Cuando aman solo al amor;
    Que el vago ardor del deseo
Se agita constante en ellas;
Mas pasa sin dejar huellas   15
Su preferencia mayor.

¡Ay, amigo! no te niego
Verdad que tan solo prueba
Que son las hijas de Eva
Como los hijos de Adán.   20
    A entrambos el daño vino
De la funesta manzana,
Y a toda la raza humana
Sus tristes efectos van.

¡Mísera raza!... su mengua   25

Sufre, pero no la entiende;
Y aún sueña y hallar pretende
Bienes que torpe perdió.
  Tras ellos ciega se lanza,
Girando en vértigo insano...   30
Mas nunca su empeño vano
Ni aun en sombra los gozó.

  Amor pide, dicha busca,
Y a esperar loca se atreve
Que en vaso corrupto y breve   35
Apague el alma su sed;
  Pero ella su afán inmenso
Siente perenne, profundo,
Y rompe lazos del mundo
Como el águila la red.   40

  En balde en la extraña lucha
De su cansancio y su anhelo
Le agrada tomar el velo
Que la presenta el error,
  Y en los pálidos fantasmas,   45
—Que agranda ilusa ella sola
Se finge ver la aurëola
De la dicha y del amor.

  ¡Resbala pronto la venda!
¡Resbala y ve —con despecho—   50
Que vuela, en humo deshecho,
El fulgor de su ilusión!
  Pues no cabe en ser que piensa
Que eterno el engaño sea

Aunque inmortal es la idea 55
Que seduce al corazón.

No es, no, flaqueza en nosotros,
Sí indicio de altos destinos,
Que aquellos bienes divinos
Nos sirvan de eterno imán, 60
Y que el alma no los halle,
—Por más que activa se mueva
Ni tú en las hijas de Eva,
Ni yo en los hijos de Adán.

Unas y otros nos quedamos 65
De lo ideal a distancia,
Y en todos es la inconstancia
Constante anhelo del bien.
¡De amor y dicha tenemos
Solo un recuerdo nublado; 70
Pues su goce fue enterrado
Bajo el árbol del edén!

Jamás ¡oh amigo! ventura
Ni amor eterno hallaremos...
Pero ¿qué importa? ¡esperemos! 75
Porque es vivir esperar;
Y aquí —do todo nos habla
De pequeñez y mudanza
Solo es grande la esperanza
Y perenne el desear. 80

En la muerte del laureado poeta señor don Manuel José Quintana

Cantos de regocijo y de victoria
Nuestras voces alzaron aquel día
Que regia mortal mano te ceñía
Mezquino lauro de terrestre gloria:

Y hoy que a la voz de tu Hacedor acudes,　　5
A recibir la fúlgida diadema
Que la inmutable Majestad Suprema
Guarda en la eterna patria a las virtudes

Hoy nuestra flaca condición humana
Su aliento en vano a remontar aspira　　　10
¡No le es dado arrancar, noble Quintana,
Ni un tierno adiós de la enlutada ¡ira!

Que aunque la Fe con resplandor divino
La densa noche del sepulcro alumbre,
Y la Esperanza hasta la excelsa cumbre　　15
Vuele, mostrando tu triunfal camino;

Aquí —al mirar tus fúnebres despojos
A la tierra volver— solo nos queda,
Con tu corona, que la España hereda,
¡Duelo en el corazón llanto en los ojos!　　20

A un amigo encargado por la dirección de un periódico de la crítica de una comedia sátira

¡Cómo! ¿Tan gran perturbación te asedia
Porque te ordenan —con rigor y prisa
Juicio crítico hacer de una comedia?
    ¡Por Dios, que al ver a tu ánima indecisa
En trance tal (perdona si te enfado),   5
Cualquiera puede reventar de risa.
    ¿Imaginas tal vez, pecho cuitado,
Que para censurar una obra de arte
Has menester de un gusto delicado?
    ¿Qué talento tampoco ha de faltarte,   10
Ni juicio, ni instrucción, ni orden que guíe
A ver y a examinar parte por parte?
    Juro, si piensas tal, que me desvíe
para siempre de ti, como de un zote,
Por más que tierna tu amistad porfíe.   15
    ¿Hay, por ventura, estulto monigote,
Ignorante rapaz, coplero oscuro,
Que por cosa tan nimia se alborote?
    ¿Hay quien no sepa dar un golpe duro
Aún a la misma virginal Talía,   20
Con fuerte brazo y corazón seguro?
    Si no lo emprendes tú, por vida mía
Que no sin cascabel quedará el gato,
Y su pena tendrá tu cobardía;
    Pues no has de ver expuesto tu retrato   25
En baratillos mil, ni en gacetillas
Te han de llamar ilustre literato.
    Para crear de ingenio maravillas,

Desvélense Gallegos y Quintanas,
Y Hartzenhusches, y Vegas, y Zorrillas.　　30
　Tú —sin recurso de las nueve hermanas—
Si esa tu indigna timidez sacudes,
Nombre a la par de sus ingenios ganas.

　Y trabaje Bretón, que —sin que sudes
Para agradar, con su feliz constancia—　　35
Que te has de ver más popular no dudes.

　¡Eh! ¡Dispón el papel! Poco en sustancia
Te conviene decir: moja la pluma,
Y comienza a escribir con arrogancia.

　«Juicio crítico.» ¡Bien! ¡Como la espuma　40
Tu gloria va a crecer! —Mas ¿qué diremos?
—Para empezar y terminar, en suma,

　Basta elegir entre los dos extremos
Y exclamar: —«La comedia es un dislate.»
O —«¡hay en ella doquier rasgos supremos!»45

　Lo primero es mejor: loar a un vate
Que adquiere gloria o acumula plata,
Es, yo lo afirmo, insigne disparate.

　Otra cosa ha de ser cuando se trata
De inofensivo autor o gente nuestra　　50
¿Quién a los suyos con rigor maltrata?

　Mas para caso tal, nula es tu diestra,
La juzga bien el que escribió la obra,
Y sus mismos elogios das por muestra.

　Mas miro que renace tu zozobra:　　55
¿Qué mosca te picó? Dilo y escribe,
Que para meditar tiempo te sobra.

　—Quiero saber si el juicio se suscribe.
　—¿El juicio suscribir?... Loco te creo:
¿Quién duda igual sin delirar concibe?　　60

Muy ignorante estás, por lo que veo,
De la crítica que hay en nuestra España,
O es que naciste para ser pigmeo.
    No se firma jamás cuando con saña
Se le zurra a un autor, que capaz fuera   65
De contestar con fabuleja extraña
    ¿Zapatero?... —¡Cabal! Mas la parlera
Fama, divulga el recatado nombre,
Por la voz de una turba vocinglera.
    Esa turba es de amigos; no te asombre;   70
Ellos dirán: —«La crítica es sublime:
La hizo Fulano.» Y cátate grande hombre.
    ¿Qué te habrá de importar que desestime
Tu censura el autor, que docta gente
Exclame con dolor —y esto se imprime?   75
    Tú no por eso abatirás la frente,
Y el vulgo, que verá tu aire triunfante,
Acatará tu fallo reverente.
    —Mas lo habré de fundar. —¡Calla, ignorante!
¿A qué viene pensar en fundamento,   80
Si tu edificio debe ser flotante?
    ¡Es mala comedia! Aquí está el cuento.
Es mala, y basta... porque yo lo digo;
¡Estilo pobre... pésimo argumento!
    —Mas como del aplauso fui testigo,   85
¿He de afirmar que el público se engaña?
¿Del voto general me haré enemigo?
    —No; pero puedes deslizar con maña
Que llenaba el local una pandilla
De amigos del autor; o que en España   90
    El mostrarse cortés no es maravilla,
Y que a esta condición —tan oportuna—

Alto triunfo debió mísera obrilla.

Puedes decir también que allá en su cuna
Tuvo el autor benéfica influencia   95
De alguna estrella o de la misma Luna;

Mas que, en medio de todo, es por esencia
Un zopenco, un estúpido, un ilota,
Que solo alcanza de agradar la ciencia.

—¡No es poco, por mi vida! Pero nota   100
Que solo comenzado el juicio tengo.

—Pues no habrás de añadir ni aun una jota.

Bueno está como está; yo lo sostengo;
No hay para qué meternos en hondura:
Lo esencial dicho está, y a ello me atengo.   105

Eso de analizar empresa es dura,
Y nadie tan sin miedo criticara
Si exigiese razones la censura.

Si saber demandase, cosa es clara
Que tanto parlanchín folletinista   110
Temblar al comenzar, de pies a cara.

Mas por milagro un diario se conquista
La pluma de algún crítico discreto,
Y siempre encuentra a la ignorancia lista.

Ella le saca del perenne aprieto,   115
Y, ora mime al autor ora le zurre,
Nunca el arte infeliz halla respeto.

Si sesudo lector rabia o se aburre
Del necio elogio o torpe vituperio,
Otro, por diversión, a ellos recurre.   120

Y ni estólidos faltan, que al criterio
Del intruso censor la frente inclinen,
Por ejercer de su eco el ministerio.

Corre, pues, ¡vive Dios!, no te acoquinen

Los descontentos que doquier pululan;   125
Mas los necios serán que te apadrinen.
   Adula o pega a tu placer: circulan,
Buenos o malos, los escritos todos
Que en las activas prensas se acumulan.
   Nuestra patria feliz por varios modos   130
Protege a los audaces, y aún levanta
A muchos, ¡ay!, que estaban entre lodos.
   Así nuestra cultura se adelanta,
Y a fe que los quejosos escritores
Se divierten también en gresca tanta;   135
   Pues ya entusiasmo encuentren, ya rigores,
Del oso bailarín hacen recuerdo,
Y al escuchar dicterios o loores
Saben si es mono el que los dice, o cerdo.

Las siete palabras

Y María al pie de la cruz

Al cielo ofreciendo del mundo el rescate,
Con clavos sujetas las manos divinas,
Ciñendo sus sienes corona de espinas,
Se ostenta en los brazos del leño Jesús.
   A diestra y siniestra dos viles ladrones   5
Reciben la pena que al crimen se debe;
Mas ¡solo en el Justo se ensaña la plebe,
Y está allí la Madre al pie de la Cruz!

   La túnica sacra con grita sortean
En frente al suplicio los fieros sayones,   10
Y el pueblo inconstante con torpes baldones
Denuesta al que ha sido su gloria y salud.
   Ya nadie recuerda sus hechos pasmosos,
Del bien —que hizo a todos— cada uno se
olvida,
Celebran su muerte, calumnian su vida...   15
¡Y está allí la Madre al pie de la Cruz!

   «Si Dios es tu Padre» —por mofa le dicen—
«Desciende, y entonces tendremos creencia.
Los oye el Cordero con santa paciencia,
Y ya de sus ojos nublada la luz,   20
   Los alza clamando: —¡Perdónalos, Padre!
Lo que hacen ignoran, perdónalos pío.—
Con roncas blasfemias responde el gentío,
¡Y está allí la Madre al pie de la Cruz!

Sed tengo —murmura la Víctima augusta; 25
Vinagre mezclado con hiel le presentan...
Sus labios divinos la esponja ensangrientan,
Y ríe y se goza la vil multitud.
En tanto del Mártir se hiela la sangre
Cubriendo su frente con nublos espesos   30
Le tiemblan las carnes, le crujen los huesos
¡Y está allí la Madre al pie de la Cruz!

—¡Mujer, ve tu hijo! la dice, y señala
En Juan a la prole de Adán delincuente.
—¡Ahí tienes, oh hombre, tu Madre clemente!—
35
Mirando al Apóstol añade Jesús.
Tal es el legado que alcanzan los mismos
Que son de su muerte causantes insanos:
Les da para el cielo derechos de hermanos...
¡Y está allí la Madre al pie de la Cruz!   40
Mirando del Cristo la suma clemencia,
De aquel que a su diestra comparte el suplicio
Conmuévese el alma, que el gran sacrificio
Ya en él ejercita su inmensa virtud:
—«De mí note olvides —le dice— en tu reino.»
45
Jesús premia al punto su fe meritoria;
—Conmigo —responde— serás en la gloria...—
Y está allí la Madre al pie de la Cruz!

Mas ¡ay! ya el instante se acerca supremo:
Ya el pecho amoroso con pena respira: 50
Inclinase el rostro que el ángel admira,
Y eleva la muerte su fiera segur.

—¡Oh Padre divino! ¿por qué me abandonas?
La voz espirante pronuncia despacio:
Su queja doliente devora el espacio...   55
¡Y está allí la Madre al pie de la Cruz!

—¡Todo es consumado! —Mi espíritu ¡oh
Padre!
Recibe en tus manos —clamó el moribundo.
Retiemblan de pronto los ejes del mundo,
Los cielos se cubren de oscuro capuz,   60
    Se parten las piedras, las tumbas se abren,
Sangriento un cadáver se ve suspendido...
¡De Adán el linaje ya está redimido!
¡Y aún queda la Madre al pie de la Cruz!

Al nombre de Jesús

Soneto

Es grata al caminante en noche fría
La alegre llama del hogar caliente:
Grata al que corre bajo Sol ardiente
La fresca sombra de arboleda umbría:
    Grato, como dulcísima armonía,   5
Para el sediento el ruido de la fuente,
Y grato respirar en libre ambiente
Para quien sale de mazmorra impía.
    Es grata, en fin, la lluvia al campesino;
Grata al guerrero belicosa fama;   10
Y grato el natal suelo al peregrino:
    Pero más que aire, sombra, fuente, llama,
Lluvia, patria, laurel, ¡Jesús divino!
Tu nombre es grato al corazón que te ama.

A Dios

Soneto

¿No es delirio, Señor? Tú, el absoluto
En belleza, poder, inteligencia;
Tú, de quien es la perfección esencia
Y la felicidad santo atributo;
  Tú, a mí —que nazco y muero como el
bruto—   5
Tú, a mí —que el mal recibo por herencia—
Tú, a mí —precario ser, cuya impotencia—
Solo estéril dolor tiene por fruto...
  ¿Tú me buscas ¡oh Dios! Tú el amor mío
Te dignas aceptar como victoria   10
Ganada por tu amor a mi albedrío?
  ¡Sí! no es delirio; que a la humilde escoria,
Digno es de tu supremo poderío
Hacer capaz de acrecentar tu gloria!

La pesca en el mar

¡Mirad! ya la tarde fenece...
   La noche en el cielo
   despliega su velo,
   propicio al amor.
La playa desierta parece: 5
   Las olas serenas
   salpican apenas
   su dique de arenas,
   con blando rumor.

Del líquido seno la Luna   10
   su pálida frente
   allá en occidente
   comienza a elevar.
No hay nube que vele importuna
   sus tibios reflejos,   15
   que miro de lejos
   mecerse en espejos
   del trémulo mar.

¡Corramos!... ¡quién llega primero!
   Ya miro la lancha...   20
   Mi pecho se ensancha,
   se alegra mi faz.
¡Ya escucho la voz del nauclero!
   que el lino despliega
   Y al soplo le entrega   25
   del aura que juega,
   girando fugaz!

¡Partamos! la plácida hora
llegó de la pesca,
y al alma refresca   30
la bruma del mar.
¡Partamos, que arrecia sonora
la voz indecisa
del agua, y la brisa
comienza de prisa   35
la flámula a hinchar!

¡Pronto, remero!
¡Bate la espuma!
¡Rompe la bruma!
¡Parte veloz!   40

¡Vuele la barca!
¡Dobla la fuerza!
¡Canta y esfuerza
brazos y voz!

Un himno alcemos   45
jamás oído,
del remo al ruido
del viento al son,

y vuelve en alas
del libre ambiente   50
la voz ardiente
del corazón.

Yo a un marino le debo la vida,

y por patria le debo al azar
una perla —en un golfo nacida—   55
   al bramar
   sin cesar
   de la mar.
Me enajena al lucir de la Luna
con mi bien estas olas surcar,   60
y no encuentro delicia ninguna
   como amar
   y cantar
   en el mar.
Los suspiros de amor anhelantes   65
¿quién ¡oh amigos! querrá sofocar,
si es tan grato a los pechos amantes
   a la par
   suspirar
   en el mar?   70
¿No sentís que se encumbra la mente
esa bóveda inmensa al mirar?
Hay un goce profundo y ardiente
   en pensar
   y admirar   75
   en el mar.
Ni un recuerdo del mundo aquí llegue
nuestra paz deliciosa a turbar:
libre el alma al deleite se entregue
   de olvidar   80
   y gozar
   en el mar.
¡Presto todos!... ¡Las redes se tienden!
¡Muy pesadas las hemos de alzar!
¡Presto todos, los cantos suspendan,   85

y callar
y pescar
en el mar!

Cuartetos escritos en un cementerio

He aquí el asilo de la eterna calma,
do solo el sauce desmayado crece...
¡Dejadme aquí: que fatigada el alma,
el aura de las tumbas apetece!

Los que aspiráis las flores de la vida,   5
llenas de aroma de placer y gloria,
no piséis el lugar do convertida
veréis su pompa en miserable escoria:

mas venid todos los que el ceño airado
del destino mirasteis en la cuna;   10
los que sentís el corazón llagado
y no esperáis consolación alguna.

¡Venid también, espíritus ardientes,
que en ese mundo os agitáis sin tino,
y cuya inmensa sed sus turbias fuentes   15
calmar no pueden con raudal mezquino!

Los que el cansancio conocisteis, antes
que paz os diesen y quietud los años
¡Venid con nuestros sueños devorantes!
¡Venid con vuestros tristes desengaños!   20

No aquí las horas, rápidas o lentas,
cuenta el placer ni mide la esperanza:
¡quiébranse aquí las olas turbulentas
que el huracán de las pasiones lanza!

Aquí, si os turban sombras de la duda,   25
la severa verdad inmóvil vela:
aquí reina la paz eterna y muda,
si paz el alma fatigada anhela.

Los que aquí duermen en profundo sueño,
insomnes cual nosotros se agitaron...   30
Ya de la muerte en el letal beleño
sus abrasadas sienes refrescaron.

Amemos, pues, nuestra mansión futura,
única que tenemos duradera
¡Que ilusión de la vida es la ventura,   35
mas la paz de la muerte es verdadera!

A las estrellas

Soneto

Reina el silencio; fúlgidas en tanto,
luces de paz, purísimas estrellas,
de la noche feliz lámparas bellas,
bordáis con oro su luctuoso manto.
Duerme el placer, mas vela mi quebranto,   5
y rompen el silencio mis querellas,
volviendo el eco unísono con ellas,
de aves nocturnas el siniestro canto.
¡Estrellas, cuya luz modesta y pura
del mar duplica el azulado espejo!   10
si a compasión os mueve la amargura
  del intenso penar porque me quejo,
¿cómo, para aclarar mi noche oscura,
no tenéis ¡ay! ni un pálido reflejo?

A Él

Era la edad lisonjera
en que es un sueño la vida,
era la aurora hechicera
de mi juventud florida,
en su sonrisa primera: 5
    cuando contenta vagaba
por el campo, silenciosa,
y en escuchar me gozaba
la tórtola que entonaba
su querella lastimosa.   10
    Melancólico fulgor
blanca Luna repartía,
y el aura leve mecía
con soplo murmurador
la tierna flor que se abría.   15
    ¡Y yo gozaba! El rocío,
nocturno llanto del cielo,
el bosque espeso y umbrío,
la dulce quietud del suelo,
el manso correr del río.   20
    Y de la Luna el albor,
y el aura que murmuraba,
acariciando a la flor,
y el pájaro que cantaba,
todo me hablaba de amor.   25
    Y trémula, palpitante,
en mi delirio extasiada,
miré una visión brillante,
como el aire perfumada,

como las nubes flotante.   30
   Ante mí resplandecía
como un astro brillador,
y mi loca fantasía
al fantasma seductor
tributaba idolatría.   35
   Escuchar pensé su acento
en el canto de las aves:
eran las auras su aliento
cargadas de aromas suaves,
y su estancia el firmamento.   40
    ¿Qué ser divino era aquél?
¿Era un Ángel o era un hombre?
¿Era un Dios o era Luzbel...?
¿Mi visión no tiene nombre?
¡Ah! nombre tiene... ¡Era él!   45

   El alma guardaba tu imagen divina
y en ella reinabas ignoto señor,
que instinto secreto tal vez ilumina
la vida futura que espera el amor.
   Al Sol que en el cielo de Cuba destella,   50
del trópico ardiente brillante fanal
tus ojos eclipsan, tu frente descuella
cual se alza en la selva la palma real.
   Del genio la aureola, radiante, sublime,
ciñendo contemplo tu pálida sien,   55
y al verte, mi pecho palpita, y se oprime,
dudando si formas mi mal o mi bien.
   Que tú eres no hay duda mi sueño adorado,
el ser que vagando mi mente buscó,
mas ¡ay! que mil veces el hombre, arrastrado 60

por fuerza enemiga, su mal anheló.

   Así vi a la mariposa
inocente, fascinada
en torno a la luz amada
revolotear con placer.   65
   Insensata se aproxima
y le acaricia insensata,
hasta que la luz ingrata
devora su frágil ser.
   Y es fama que allá en los bosques   70
que adornan mi patria ardiente,
nace y crece una serpiente
de prodigioso poder,
   que exhala en torno su aliento
y la ardilla palpitante,   75
fascinada, delirante,
corre... ¡y corre a perecer!
   ¿Hay una mano de bronce,
fuerza, poder, o destino,
que nos impele al camino   80
que a nuestra tumba trazó?
   ¿Dónde van, dónde, esas nubes
por el viento compelidas?...
¿Dónde esas hojas perdidas
que del árbol arrancó?   85
   Vuelan, vuelan resignadas,
y no saben donde van,
pero siguen el camino
que les traza el huracán.
   Vuelan, vuelan en sus alas   90
nubes y hojas a la par,

ya los cielos las levante
ya las sumerja en el mar.
  ¡Pobres nubes! ¡pobres hojas
que no saben dónde van!...   95
pero siguen el camino
que les traza el huracán.

A****

No existe lazo ya: todo está roto:
plúgole al cielo así: ¡bendito sea!
Amargo cáliz con placer agoto:
mi alma reposa al fin: nada desea.

Te amé, no te amo ya; piénsolo al menos.   5
¡Nunca, si fuere error, la verdad mire!
Que tantos años de amarguras llenos
trague el olvido; el corazón respire.

Lo has destrozado sin piedad: mi orgullo
una vez y otra vez pisaste insano...   10
mas nunca el labio exhalará un murmullo
para acusar tu proceder tirano.

De graves faltas vengador terrible,
dócil llenaste tu misión: ¿lo ignoras?
No era tuyo el poder que irresistible   15
postró ante ti mis fuerzas vencedoras.

¡Quísolo Dios y fue: gloria a su nombre!
Todo se terminó: recobro aliento.
¡Ángel de las venganzas! ya eres hombre...
ni amor ni miedo al contemplarte siento.   20

Cayó tu cetro, se embotó tu espada...
Mas ¡ay! ¡Cuán triste libertad respiro!
Hice un mundo de ti, que hoy se anonada,
y en honda y vasta soledad me miro.

¡Vive dichoso tú! Si en algún día
ves este adiós que te dirijo eterno,
sabe que aún tienes en el alma mía
generoso perdón, cariño tierno.

A la poesía

¡Oh tú, del alto cielo,
precioso don al hombre concedido!
¡Tú, de mis penas íntimo consuelo,
de mis placeres manantial querido!
¡Alma del orbe, ardiente Poesía,   5
dicta el acento de la lira mía!
    Díctalo, sí; que enciende
tu amor mi seno, y sin cesar ansío
la poderosa voz —que espacio hiende—
para aclamar tu excelso poderío;   10
y en la naturaleza augusta y bella
buscar, seguir y señalar tu huella.
    ¡Mil veces desgraciado
quien —al fulgor de tu hermosura ciego—
en su alma inerte y corazón helado   15
no abriga un rayo de tu dulce fuego!
Que es el mundo sin ti templo vacío,
cielos sin claridad, cadáver frío.
    Mas yo doquier te miro;
doquier el alma estremecida siente   20
tu influjo inspirador. El grave giro
de la pálida Luna, el refulgente
trono del Sol, la tarde, la alborada...,
todo me habla de ti con voz callada.
    En cuanto ama y admira   25
te halla mi mente. Si huracán violento
zumba y levanta el mar, bramando ira;
si con rumor responde soñoliento
plácido arroyo al aura que suspira...,

tú alargas para mí cada sonido 30
y me explicas su místico sentido.
   Al férvido verano,
a la apacible y dulce primavera,
al grave otoño y al invierno cano
embellece tu mano lisonjera; 35
que alcanza, si los pintan tus colores,
calor el hielo, eternidad las flores.
   ¿Qué a tu dominio inmenso
no sujetó el Señor? En cuanto existe
hallar tu ley y tus misterios pienso; 40
el universo tu ropaje viste,
y en su conjunto armónico demuestra
que tú guiaste la hacedora diestra.
   ¡Hablas! Todo renace;
tu creadora voz los yermos puebla: 45
espacios no hay que tu poder no enlace
y, rasgando del tiempo la tiniebla,
de lo pasado al descubrir ruinas,
con tu mágica voz las iluminas.
   Por tu acento apremiados, 50
levántanse del fondo del olvido,
ante tu tribunal, siglos pasados;
y el fallo, que pronuncias transmitido
por una y otra edad en rasgos de oro,
eterniza su gloria o su desdoro. 55
   Tu genio independiente
rompe las sombras del error grosero;
la verdad preconiza; de su frente
vela con flores el rigor severo,
dando al pueblo en bellas creaciones, 60
de saber y virtud santas lecciones.

Tu espíritu sublime
ennoblece la lid; tu épica trompa
brillo eternal en el laurel imprime;
al triunfo presta inusitada pompa;   65
y los ilustres hechos que proclama
fatiga son del eco de la fama.
    Mas si entre gayas flores
a la beldad consagras tus acentos;
si retratas los tímidos amores;   70
si enalteces sus rápidos contentos,
a despecho del tiempo, en tus anales
beldad, placer y amor son inmortales.
    Así en el mundo suenan
del amante Petrarca los gemidos,   75
los siglos con su canto se enajenan;
y unos tras otros —de su amor movidos—
van de Valclusa a demandar al aura
el dulce nombre del cantor de Laura.
    ¡Oh! No orgullosa aspiro   80
a conquistar el lauro refulgente,
que humilde acato y entusiasta admiro
de tan gran vate la inspirada frente;
ni ambicionan mis labios juveniles
el clarín sacro del cantor de Aquiles.   85
    No tan ilustres huellas
seguir es dado a mi insegura planta...
mas —abrasada al fuego que destellas—,
¡oh, ingenio bienhechor!, a tu ara santa
mi pobre ofrenda estremecida elevo,   90
y una sonrisa a demandar me atrevo.
    Cuando las frescas galas
de mi lozana juventud se lleve

el veloz tiempo en sus potentes alas,
y huyan mis dichas como el humo leve,   95
serás aún mi sueño lisonjero,
y veré hermoso tu favor primero.
  Dame que pueda entonces,
¡Virgen de paz, sublime poesía!,
no transmitir ni en mármoles ni en bronces 100
con rasgos tuyos la memoria mía;
solo arrullar, cantando mis pesares
a la sombra feliz de tus altares.

Libros a la carta

A la carta es un servicio especializado para
empresas,
librerías,
bibliotecas,
editoriales
y centros de enseñanza;
y permite confeccionar libros que, por su formato y concepción, sirven a los propósitos más específicos de estas instituciones.

Las empresas nos encargan ediciones personalizadas para marketing editorial o para regalos institucionales. Y los interesados solicitan, a título personal, ediciones antiguas, o no disponibles en el mercado; y las acompañan con notas y comentarios críticos.

Las ediciones tienen como apoyo un libro de estilo con todo tipo de referencias sobre los criterios de tratamiento tipográfico aplicados a nuestros libros que puede ser consultado en Linkgua-ediciones.com.

Red ediciones edita por encargo diferentes versiones de una misma obra con distintos tratamientos ortotipográficos (actualizaciones de carácter divulgativo de un clásico, o versiones estrictamente fieles a la edición original de referencia).

Este servicio de ediciones a la carta le permitirá, si usted se dedica a la enseñanza, tener una forma de hacer pública su interpretación de un texto y, sobre una versión digitalizada «base», usted podrá introducir interpretaciones del texto fuente. Es un tópico que los profesores denuncien en clase los desmanes de una edición, o vayan comentando errores de interpretación de un texto y esta es una solución útil a esa necesidad del mundo académico.

Asimismo publicamos de manera sistemática, en un mismo catálogo, tesis doctorales y actas de congresos académicos, que son distribuidas a través de nuestra Web.

El servicio de «libros a la carta» funciona de dos formas.

1. Tenemos un fondo de libros digitalizados que usted puede personalizar en tiradas de al menos cinco ejemplares. Estas personalizaciones pueden ser de todo tipo: añadir notas de clase para uso de un grupo de estudiantes, introducir logos corporativos para uso con fines de marketing empresarial, etc. etc.

2. Buscamos libros descatalogados de otras editoriales y los reeditamos en tiradas cortas a petición de un cliente.